人工智能教育 第二册
人工智能伴我游

李作林 温天骁 主编

清华大学出版社
北京

内 容 简 介

本册为"人工智能教育"套书的第二册，以图图游览故宫的过程为主线，运用生动活泼的语言和贴近生活的案例阐述人工智能相关概念。同学们跟随着图图的探索脚步，既可以学习和了解人工智能的基础知识，也可以通过使用及体验各种人工智能相关的产品，感受人工智能技术为日常生活带来的变化和便利，还能了解一些与故宫相关的中国传统文化知识。本书包括四个单元，分别为"网上快乐游故宫""智能语音助手""智能人脸识别""智能识物"。

本书适合作为小学低年级的教材或辅助资料，也可供小学科技教师参考。

本书封面贴有清华大学出版社防伪标签，无标签者不得销售。
版权所有，侵权必究。举报：010-62782989，beiqinquan@tup.tsinghua.edu.cn。

图书在版编目（CIP）数据

人工智能教育 . 第二册，人工智能伴我游 / 李作林，温天骁主编 . —北京：清华大学出版社，2023.2
ISBN 978-7-302-62725-8

Ⅰ . ①人… Ⅱ . ①李… ②温… Ⅲ . ①人工智能 – 小学 – 教学参考资料 Ⅳ . ① G633.672

中国国家版本馆 CIP 数据核字（2023）第 029647 号

责任编辑：白立军　杨　帆
封面设计：刘　乾
责任校对：韩天竹
责任印制：丛怀宇

出版发行：清华大学出版社
　　　　网　　址：http://www.tup.com.cn, http://www.wqbook.com
　　　　地　　址：北京清华大学学研大厦 A 座　　　邮　编：100084
　　　　社 总 机：010-83470000　　　　　　　　　邮　购：010-62786544
　　　　投稿与读者服务：010-62776969, c-service@tup.tsinghua.edu.cn
　　　　质量反馈：010-62772015, zhiliang@tup.tsinghua.edu.cn
印 装 者：三河市龙大印装有限公司
经　　销：全国新华书店
开　　本：185mm×230mm　　　印　张：6　　　字　数：131 千字
版　　次：2023 年 4 月第 1 版　　　　　　　　　印　次：2023 年 4 月第 1 次印刷
定　　价：45.00 元

产品编号：099164-01

出版说明

2017年7月，国务院发布《新一代人工智能发展规划》，要求在中小学阶段设置人工智能相关课程，逐步推广编程教育。2018年1月，教育部正式将"人工智能"纳入《普通高中信息技术课程标准（2017年版）》。人工智能进入校园，为学生的个性化发展而设计人工智能课程，受到教育界的高度关注。2022年4月，教育部发布了义务教育阶段课程方案和各课程标准。在本次课程改革方案中，"信息科技"成为全国统一开设的独立课程科目，而人工智能技术是"信息科技"的重要内容。

本套书致力于开展人工智能普及教育，重点培养学生的理性思维、批判质疑精神和研究、创新能力，引导学生在掌握人工智能基本知识的同时，认识到人工智能在信息社会中发挥着越来越重要的促进作用，能够根据需要运用人工智能技术解决生活与学习中的问题，逐步成为信息社会的积极参与者。通过本套书的学习，学生能够获得人工智能的基本知识、技能、应用能力，以及相关的意识、伦理等方面的培育，在运用人工智能技术解决实际问题的过程中，成长为具有良好的信息意识与计算思维，具备数字化学习与创新能力以及信息社会责任感的未来公民。在编写过程中，除了聚焦人工智能信息素养的培育，还关注培养学生中国优秀传统文化与道德情感。例如，《人工智能教育（第二册）人工智能伴我游》以游览故宫为主线，通过古代文化与现代科技的融合，培养学生的爱国意识与文化自信。

依托北京师范大学"国家青少年STEAM教育体系建设及应用实践研究"课题的重要成果，本套书在编写过程中还参考了《义务教育信息科技课程标准（2022年版）》《普通高中信息技术课程标准（2017年版）》《中小学人工智能课程开发标准（试行）》等政策文件和行业标准，结合教学实际情况，由一线教师编写。

本套书的学习内容均来自学生真实的生活场景，以活动贯穿，以问题引入，运用生动活泼、贴近生活的案例进行概念阐述。其中，每单元的开头设置明确的学习目标，目标先行，以终为始，教师和学生可以根据目标安排学习进度，设定预期的学习结果。

本套书注重结合小学生的学习特点与教育规律，避免了单纯的知识传授与理论灌输。编写过程中构建了图图、灵灵、小智和AI小博士四个主人公，围绕他们在学校、家庭、社会中的所见所闻展开学习活动，具有亲切感。

图图

灵灵

小智

AI 小博士

采用体验式学习、项目式学习与探究性学习，在阐述概念和理论的基础上，设置了聪明的大脑、AI大挑战、准备好了、奇思妙想、大显身手、我的小成就、AI爱创新等栏目。

聪明的大脑——旨在培养学生爱思考、善发现的学习习惯，在生活中能够发现问题、提出问题。

AI大挑战——把问题转化成挑战性任务，明确要学习的目标。

准备好了——为解决问题、挑战任务做好硬件、软件准备。

奇思妙想——为解决问题而先行设计，提出解决方案，培养设计思维和工程思维。

大显身手——主要是解决问题环节，提供具体的解决方案。

我的小成就——为学生提供展示与交流的机会，秀出自己的劳动成果。

AI爱创新——在原有基础上拓展与创新，培养学生的创新意识与不断进取的精神。

本套书共六册。每册有不同的主题：第一册为走近人工智能，第二册为人工智能伴我游，第三册为生活中的人工智能，第四册为人工智能服务，第五册为人工智能与社会，第六册为人工智能与大数据。

参与本套书编写工作的教师均来自信息技术、通用技术、科学课程的教学一线，具有丰富的教育教学经验。他们对本套书的内容选择、展现形式、学习方式、组织实施、评价交流等都提出了很多宝贵的建议，部分内容还经历了多轮教学实验，从而保证内容的实用性和科学性。各册具体编写人员如下：

《人工智能教育（第一册）走近人工智能》

冯天晓　郑晓　姜凤敏　强光峰　朱燕娟　恽竹恬

《人工智能教育（第二册）人工智能伴我游》

李作林　温天骁　何玲燕　姜凤敏　朱燕娟　侯艺馨

《人工智能教育（第三册）生活中的人工智能》

杨玉春　霍俊飞　郝红继　傅悦铭　彭玉兵　张凯

《人工智能教育（第四册）人工智能服务》

于海涛　刘长焕　王晓龙　何玲燕　曹善皓　杨书恒

《人工智能教育（第五册）人工智能与社会》

孙洪涛　苏晓静　彭慧群　纪朝宪　孔伟　王栋

《人工智能教育（第六册）人工智能与大数据》

谢浩　纪朝宪　郑晓　李葆萍　恽竹恬　苏晓静

本套书适合小学阶段各年级学生、家长和一线教师阅读使用，要求亲自动手验证本套书中的内容，感受人工智能技术给人们生活带来的美好。

本套书得以完成，得益于清华大学出版社孙宇副社长、白立军编辑、杨帆编辑等工作人员的大力支持和帮助，以及北京师范大学人工智能学院、中国人民大学附属中学、中国海洋大学、山东省学前教育中心等单位提供的专业支持，在此表示衷心的感谢！同时还要感谢网易有道、邦宝益智对本套书提供的内容支撑和应用场景支持。

囿于作者能力,本套书难免存在不完善甚至错误之处,敬请广大读者批评指正。

2023 年 1 月

前 言

人工智能技术正在深刻地改变着整个世界,也悄然地影响着我们生活的方方面面,它对于社会生产、生活及各个行业的改变和影响,超乎你我的想象。在图像识别、语音识别等领域,人工智能解决问题的能力甚至已经超过了人类。低年级的小学生通过手边的电子设备,就可以体验和学习先进的人工智能技术为日常生活带来的巨大便利。本书以"人工智能伴我游"为主题,重点关注语音识别及处理、图像识别及处理等技术在现实生活场景中的应用及背后的基础原理。

本书的主旨在于开展学生对于人工智能技术的初体验,培养学生的理性思维和创新能力,激发学生对于人工智能技术的兴趣。同学们在掌握人工智能基础知识的同时,能够根据自身需要,利用人工智能技术解决实际问题;认识到人工智能在信息社会中的重要作用,逐步成为智能社会、信息社会的重要参与者。

全书包括四个单元。

第一单元——网上快乐游故宫。主要包括对搜索引擎搜索方法、拍照识字技术、拍照翻译技术的学习和体验。

第二单元——智能语音助手。主要包括通过智能语音助手查天气、学历史和与其对话的学习和体验。

第三单元——智能人脸识别。主要包括对智能门禁、电子镜子和人脸装扮技术的学习和体验。

第四单元——智能识物。主要包括图像识别初体验、智能识花及智能识鸟技术的学习和体验。

编 者

2023 年 1 月

目 录

第一单元 网上快乐游故宫 1

第一课　搜索故宫博物院官网 2

第二课　拍照识字 9

第三课　拍照翻译 16

第二单元 智能语音助手 23

第一课　用"小助手"查天气 24

第二课　跟"小助手"学历史 30

第三课　与"小助手"对话 37

第三单元 智能人脸识别 43

第一课　智能门禁 44

第二课　电子镜子 50

第三课　人脸装扮 56

第四单元 智能识物 63

第一课　图像识别初体验 65

第二课　智能识花 72

第三课　智能识鸟 78

第一单元
网上快乐游故宫

学习目标

> （1）能够上网搜索有用信息，在网上参观数字博物馆学习传统文化，借助数字设备及数字资源辅助自己的生活与学习。
>
> （2）能够借助人工智能（Artificial Intelligence，AI）技术开展识字等活动，增强与扩大语言学习的手段及方法，初步了解文字识别技术。
>
> （3）能够借助人工智能技术进行文字翻译，初步了解机器翻译技术。

图图和灵灵想去故宫游览。故宫是中华民族的骄傲，也是全人类珍贵的文化遗产。它是世界上规模最大、保存最完整的木结构宫殿建筑群，里面有极其丰富的藏品。

为了更好地学习故宫的历史与文化，图图与灵灵决定先在网上游览故宫。怎么在网上找到故宫博物院官网？在浏览网页时遇到不认识的字时，怎样拍照识字呢？怎样用机器将中文翻译成英文，向国外友人展示、分享优秀的中国传统文化？本单元我们将与图图和灵灵一起在网上畅游故宫并体验人工智能技术给我们生活带来的变化与便利。

第一课　搜索故宫博物院官网

下个周末图图和灵灵就要游览故宫了。故宫里有什么建筑？有哪些藏品？有什么历史文化？图图与灵灵非常感兴趣。他们打算在出发之前，先在网上游览故宫。

图图："灵灵，老师说现在很多博物馆都在网上推出了数字博物馆，可以让同学们在网上游览"。

图图："哇！这么神奇！咱们也先在网上游览故宫吧"。

灵灵："好的，可是去哪里找故宫博物院官网呢？"

第一单元　网上快乐游故宫

聪明的大脑

怎样用台式计算机或者平板计算机等电子产品搜索想去的网站？你能想到几种方法呢？

AI大挑战

通过互联网搜索并进入故宫博物院官网。

准备好了

铅笔、橡皮、台式计算机、安装了搜索软件的手机（或平板计算机）。

奇思妙想

你能想到几种搜索网站的方法？你能用文字或画图描述吗？

方案设计图	创意想法

人工智能教育（第二册）人工智能伴我游

大显身手

1. 实践案例

互联网中的信息就像浩瀚的知识海洋，是一个超大的宝藏。我们想要寻找的网站只是海洋里的一滴水。怎样用最短的时间找到我们想搜索的网站呢？我们可以借助搜索引擎来帮忙。

> **知识小卡片**
>
> **搜索引擎**
>
> 搜索引擎为用户提供检索服务。它是指根据一定的策略、运用特定的计算机程序从互联网上采集信息，对信息进行组织和处理后，将检索的相关信息展示给用户的系统。

下面我们一起来搜索进入故宫博物院官网吧！

2. 实践流程图

第一种方法：

| 用计算机打开搜索引擎网站 | → | 输入"故宫博物院" | → | 进入故宫博物院官网 |

第二种方法：

| 用手机打开搜索引擎应用 | → | 跟语音助手说"故宫博物院官网" | → | 进入故宫博物院官网 |

4

第一单元　网上快乐游故宫

3. 实践步骤

第一种方法：

第一步，打开搜索引擎网站。

第二步，在搜索栏中输入"故宫博物院"，开始搜索。

> **小贴士**
>
> 还不会拼音输入法的同学，可以采用第二种方法进行搜索。

第三步，单击"故宫博物院（官方）"，进入故宫博物院官网游览。

人工智能教育（第二册）人工智能伴我游

图图："你看，我们成功在网上找到了故宫博物院！"

灵灵："我还不太会拼音，怎么办呢？"

小智："不会拼音的同学，也可以用智能语音助手来搜索。"

图图："这是个好主意，不过要怎么做呢？"

第二种方法：

第一步，用手机或者平板计算机打开搜索引擎应用。

第二步，点击屏幕最下方的蓝色话筒图标，打开智能语音助手。

对设备说"故宫博物院官网"，说完后点击屏幕下方停止收音。

第一单元　网上快乐游故宫

> **小贴士**
>
> 网上关于故宫的介绍网站有很多，加上"官网"两个字更容易直接找到结果。

第三步，在搜索结果中找到故宫博物院官网，点击进入。

我的小成就

同学们，我们完成了搜索故宫博物院官网的任务，下面用⭐给自己点评一下吧！完成的就可以自己画⭐！

人工智能教育（第二册）人工智能伴我游

小成就	你做到了吗
我可以通过拼音输入找到故宫博物院官网	
我可以通过语音助手找到故宫博物院官网	
我体会到了搜索引擎的快速和方便	

AI 爱创新

你还可以在网上搜索到其他博物馆的网站吗？请你再试试搜索进入莫高窟博物馆官网吧。

第二课 拍照识字

图图在网上观赏故宫博物院的藏品时,看到了藏品中有一个分类叫"玺印"。看到这个"玺"字,图图犯了难,他不认识这个字,也不知道是什么意思。他开始四处寻找字典。

图图:我把字典放在学校忘记带回家了!可不可以想想其他办法来查找这个字呢?

灵灵:对了!我听同学说可以利用手机来拍照识字,可是需要怎么做呢?

聪明的大脑

怎样用手机软件来识字?手机是怎样识字的?

人工智能教育（第二册）人工智能伴我游

AI 大挑战

任务一：在互联网上搜索，了解文字识别的原理。

任务二：借助手机上的拍照识字应用软件体验拍照识字的过程。

准备好了

铅笔、橡皮、安装了拍照识字应用软件的手机或者平板计算机。

奇思妙想

你觉得机器是怎样识字的？可以把你的想法画在方框中。

我的想象图	创意想法

大显身手

1. 实践案例

文字识别技术是利用计算机自动识别文字字符的技术，它是人工智能的

第一单元　网上快乐游故宫

重要应用之一。文字识别可以应用在许多领域，如机器阅读、翻译，证件的识别，商品编码的扫描等，给人们的日常工作和生活带来了很多便利。你还能想到哪些地方可以用到文字识别技术呢？

文字识别的过程一般包括文字信息采集、信息分析处理、信息的分类判别等步骤。文字信息采集是将需要识别的文字转换为图片信息发送到计算机中；信息分析处理将文字图片进行去噪声、分割等处理；信息的分类判别是将处理好的文字与标准的文字库匹配，进行分类判别，得到识别结果。

图图："原来机器是这样识字的，真是很神奇！"

灵灵："咱们现在来试试用手机选择"拍照识字"功能查询不认识的字吧！"

2. 实践流程图

| 用手机打开拍照识字应用软件 | → | 选择"拍照识字"功能 | → | 对准需要查询的字拍照 | → | 标记要识别的字并点击开始识别 |

3. 实践步骤

第一步，用手机打开拍照识字应用软件。

第二步，选择左上角的"拍照识字"功能。

第三步，根据屏幕提示，对准需要查询的文字或者词语，点击屏幕下方的白色圆点拍照。

第一单元　网上快乐游故宫

第四步，根据屏幕提示，用手指涂抹所拍摄照片中需要查询的部分，点击屏幕下方的绿色对号开始识别。

小贴士

如果同学们觉得拍摄的照片不清晰，可以选择重拍。如果一不小心涂错了，也可以选择重涂！

第五步，查找生字的读音与释义显示在屏幕上。

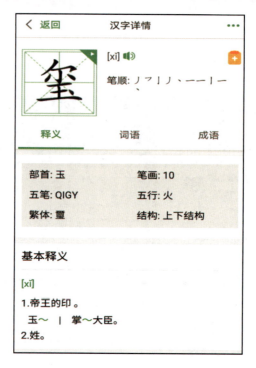

图图：“找到了！我又认识了一个字，而且知道了更多关于故宫的历史文化。”

灵灵：“图图，这个字原来我也不认识，拍照识字真方便！”

我的小成就

同学们，我们完成了拍照识字的任务，下面用★给自己点评一下吧！完成的就可以自己画★！

第一单元　网上快乐游故宫

小成就	你做到了吗
我可以用手机查到不认识的字	
我在网上找到了一些关于文字识别的信息	
我体会到了文字识别给我们生活带来了很大便利	
我查完字以后就及时关闭手机，保护自己的眼睛	

AI 爱创新

你可以用拍照识字的方式查找成语吗？例如，用拍照识字功能查找"助人为乐"的意思。

第三课 拍照翻译

在网上游览故宫博物院时,图图跟灵灵观赏了很多藏品,也学习了很多传统文化知识。图图迫不及待地想把自己的浏览见闻分享给自己的美国朋友汤姆。

图图:故宫的藏品真是太丰富了!古老的故宫也可以有很多人工智能技术的应用!我也想给汤姆讲一讲,可是有很多句子我都不会翻译成英文。

小智:你可以利用人工智能技术,让机器做小助手帮你翻译啊!

图图:这是个好主意!可是要怎么做呢?

聪明的大脑

计算机是怎样读懂文字并且进行翻译的?怎么实现拍照翻译功能呢?

第一单元　网上快乐游故宫

AI 大挑战

用手机或者平板计算机的应用软件实现拍照翻译功能。

准备好了

铅笔、橡皮、安装了拍照翻译应用软件的手机或平板计算机。

奇思妙想

你觉得拍照翻译可以用在哪些场合？可以实现什么功能？可以写出或者画出你的想法。

设计构思	创意想法

大显身手

1. 实践案例

机器翻译是指利用计算机将一种自然语言转换为另一种自然语言

的过程。它是人工智能的终极目标之一，是自然语言处理的重要应用方向。机器翻译具有很高的科学研究价值和实用价值。随着经济全球化和互联网科技的迅速发展，机器翻译技术可以有效促进各国人民进行无障碍交流沟通。

知识小卡片

机器翻译的过程

机器翻译的过程可以简单分解为分析、转换和生成三个阶段。分析阶段，由计算机来分析文字的含义，将长句分解为短句及短语的组合；转换阶段，计算机将各种短句和短语与已有词库进行匹配、翻译；生成阶段，由计算机将翻译结果进行拼接和调整，更符合人们的阅读习惯。

第一单元　网上快乐游故宫

下面我们一起来体验和应用拍照翻译功能吧！

2. 实践流程图

用手机打开拍照翻译应用软件 → 选择"拍照翻译"功能 → 设置翻译的目标语言 → 对准要翻译的文字拍照

3. 实践步骤

第一步，打开拍照翻译应用软件。

第二步，点击下方的"拍照翻译"按钮。

第三步，将屏幕上方的目标语言设置为你想翻译成的语言。

第四步，对准要翻译的文字，点击拍照按钮进行拍照。以下面一段关于故宫的介绍为例。

> 故宫又称紫禁城。中国古代讲究"天人合一"的规划理念，用天上的星辰与都城规划相对应，以突出政权的合法性和皇权的至高性。天帝居住在紫微宫，而人间皇帝自诩为受命于天的"天子"，其居所应象征紫微宫以与天帝对应，《后汉书》载"天有紫微宫，是上帝之所居也。王者立宫，象而为之。"紫微、紫垣、紫宫等便成了帝王宫殿的代称。由于封建皇宫在古代属于禁地，常人不能进入，故称为"紫禁"。明朝初期同外禁垣一起统称"皇城"，大约明朝中晚期，与外禁垣区分开来，即宫城叫"紫禁城"，外禁垣为"皇城"。

等待显示的翻译结果。

第一单元 网上快乐游故宫

> The Palace Museum is also called the Forbidden City. Ancient China pays attention to the planning concept of "unity of heaven and man", and uses the stars in the sky to correspond with the planning of the capital, so as to highlight the legitimacy of the regime and the supremacy of the imperial power. The Emperor of Heaven lived in The Ziwei Palace, and the earthly emperor claimed to be the "Son of Heaven" under the orders of heaven. His residence should symbolize the Ziwei Palace to correspond with the Emperor of Heaven. The king establishes his palace and acts as an elephant. Ziwei, Ziyuan, Purple Palace and so on became the name of the emperor's palace. Because the imperial palace was forbidden in ancient times, ordinary people could not enter, so it was called "ziban". In the early Ming Dynasty, the outer Forbidden City and the outer Forbidden City together referred to as the "Imperial city ", about the middle and late Ming Dynasty, separated from the outer Forbidden City, that is, the palace city called the" Forbidden City ", the outer Forbidden City for the "imperial city".

图图："用拍照翻译功能进行文字翻译真的太便利了！"

灵灵："是啊，真是神奇的人工智能！我现在可以跟汤姆分享更多故宫的故事了，也可以向他介绍更多中国的传统文化。"

我的小成就

同学们，我们完成了拍照翻译的任务，下面用⭐给自己点评一下吧！完成的就可以自己画⭐！

小成就	你做到了吗
我可以将一段中文通过机器翻译为英文	
我通过拍照翻译认识了新单词	
我体会到了机器翻译的快速和便利	

AI 爱创新

你可以将一段英文通过拍照翻译功能翻译为中文吗？你可以试试翻译下面这段著名诗人泰戈尔的诗歌。

> Give me the strength lightly to bear my joys and sorrows.
> Give me the strength to make my love fruitful in service.
> Give me the strength never to disown the poor or bend my knees before insolent might.
> Give me the strength to raise my mind high above daily trifles.
> And give me the strength to surrender my strength to thy will with love.

第二单元
智能语音助手

学习目标

（1）学习智能语音助手的基本用法，学会用其查天气。

（2）应用智能语音助手查询历史故事，知道语音输入等简单的智能交互方法。

（3）与智能语音助手快乐对话，探索神奇的人工智能技术。

哇，原来这就是神奇的故宫！在网上游览时，看到金碧辉煌的宫殿、富丽堂皇的建筑，图图和灵灵更加坚定了要到现场参观的决心。这一天终于来临了！但是在出发前，还是有许多事情要考虑的。例如，参观这一天的天气怎么样？还有，故宫是世界上现存规模最大、保存最完整的古代皇家建筑群，里面蕴含了许多的历史故事，人工智能技术能不能让图图和灵灵在现场参观的时候，给他们带去一种身临其境的感觉呢？本单元我们跟图图和灵灵一起见识智能语音助手能听会说的神奇力量吧！

人工智能教育（第二册）人工智能伴我游

第一课 用"小助手"查天气

出发前，孩子们发现今天的天空突然多了几道乌黑的云。灵灵对图图说："今天的天气怎么样，会不会下雨？"

图图："是呀，要不我们查一下吧！但是我们应该怎么查天气呢？"

灵灵："我们用计算机上网查吧！"

图图："好的，但是用计算机的话，还得等计算机开机，有没有更快的办法呢？"

聪明的大脑

想一想有什么方法能够快速查天气？

第二单元　智能语音助手

AI 大挑战

应用智能语音助手查天气。

准备好了

铅笔、橡皮、水彩笔、纸、手机或平板计算机。

奇思妙想

你会怎么查天气？把你的方法以小手抄报的形式画在下面的方框中。

我的小手抄报	创意想法

大显身手

1. 实践案例

智能语音助手是一种人工智能技术，它能够根据用户需求执行相应的任务，具有功能性或社会性的属性，同时具备自动理解、完善对话和情景能力的程序、载体或产品。现在的智能手机及许多软件都已经自带这种技术。

图图："这个'小助手'还真有意思！"

灵灵："那咱们也学学怎么用手机里的智能语音助手来查天气吧！"

2. 实践流程图

打开浏览器 ➡ 点击语音话筒图标 ➡ 点击"语音设置"，打开语音设置界面 ➡ 开启唤醒语音搜索和播报功能 ➡ 呼叫"语音助手"查询天气 ➡ 完成天气查询，关闭浏览器及设备

3. 实践步骤

第一步，在手机或平板计算机上点击浏览器图标，打开浏览器。

第二单元　智能语音助手

第二步，在浏览页面，点击最下方中间的语音话筒图标，打开智能语音助手。

第三步，点击弹出的白色页面右上角的"语音设置"，打开语音设置界面。

第四步，点击最右侧按钮，开启唤醒语音搜索和语音播报功能，然后点击界面最下方左侧的箭头返回。

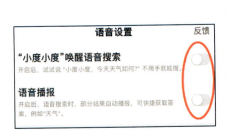

27

第五步，呼叫智能语音助手自带的称呼，然后说查一下某地的天气。

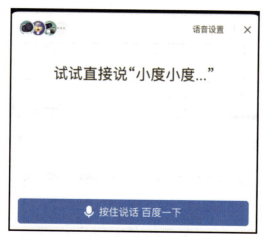

第六步，完成天气查询，关闭浏览器及设备。

> **小贴士**
>
> 开启唤醒语音搜索功能，以后再次点击浏览器直接呼叫智能语音助手，然后说出你的想法，智能语音助手就会帮你查询了。开启语音播报功能后，查询天气，智能语音助手就会直接播报给你听。

我的小成就

我们体验了用手机智能语音助手查天气，下面用⭐给自己点评一下吧！

完成的就可以自己画⭐！

第二单元　智能语音助手

小成就	你做到了吗
我会用手机查天气了	
我在浏览器上用智能语音助手查到了当地的天气	
我感受到了智能语音助手给我们生活带来的便利	
我查完天气后自觉关闭手机，控制使用手机的时间	

AI 爱创新

你能画一个不用手机或平板计算机直接语音查天气的机器吗？

第二课　跟"小助手"学历史

经过了长安街、穿过了天安门，黄色的瓦、红色的墙，图图和灵灵终于来到了故宫。

走着走着，突然他们听到一个又一个关于故宫的历史故事从别人拿的黑色小机器里传出，这激发了图图的好奇心。于是图图问灵灵：他们手里拿的是什么呢？

灵灵："是呀，它还会讲这里的历史故事呢！我也好想听听。"

图图："嗯……我想想……要不我们看看"小助手"能不能帮忙？"

灵灵："好的，这想法不错，但是有没有更多的方法呢？"

第二单元　智能语音助手

聪明的大脑

请帮图图和灵灵一起想一想，有哪些方法能够了解故宫的历史故事呢？

AI 大挑战

任务一：应用智能语音助手查故宫的经典历史故事。

任务二：应用智能语音转文字软件播报故事。

准备好了

铅笔、橡皮、水彩笔、纸、手机或平板计算机。

奇思妙想

你会用什么方法了解故宫的历史故事？把你的方法以小手抄报的形式画在下面的方框中。

我的小手抄报	创意想法

大显身手

1. 实践案例

语音识别是一种将语音内容转换成文字的技术，是人机交互的主要方式之一。所以，当智能语音助手听到人们的声音时，它就可以获取声音中的信息，并利用获取的信息进行各种操作，完成相应的任务。另外还有文字识别技术和文字转语音技术，结合这三种技术，智能语音助手就会讲故事了。

图图："这个技术听起来不错，越来越有意思了！"

灵灵："那我们现在就用这个"小助手"来听太和殿的故事吧！"

第二单元　智能语音助手

2. 实践流程图

3. 实践步骤

第一步，在手机或平板计算机上点击浏览器图标，打开浏览器。

第二步，在浏览页面呼叫智能语音助手。

第三步，说"太和殿"，查找关于太和殿的故事。

第四步，点击查找页面关于太和殿的文字，复制关于太和殿的介绍文字。

人工智能教育（第二册）人工智能伴我游

小贴士

复制文字：单只手指一直按住需要复制的文字区域，出现复制选择区域时，手指先后按住蓝色选择区域前、后的两根蓝色线条，分别向上或向下拖到要选择的区域范围，然后点击"复制"即可。

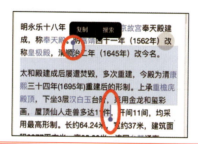

第五步，打开文字转语音软件，点击"粘贴/输入文字"。

34

第二单元　智能语音助手

第六步，在"朗读制作"页面点击左下角的"粘贴文字"，再点击最下方的"朗读文字"，开始朗读太和殿的介绍。

小贴士

关于文字转语音软件，现在已有许多相关App，如果你的手机或平板计算机没有安装的话，找爸爸、妈妈或老师帮忙搜索安装一个即可。

35

我的小成就

我们学习了用"小助手"讲太和殿的故事，下面用⭐给自己点评一下吧！完成的就可以自己画⭐！

小成就	你做到了吗
我会用智能语音助手查故事	
我用智能语音助手查到了太和殿相关的故事	
我会用文字转语音软件朗读太和殿的故事	

AI 爱创新

你能用"小助手"讲其他的故事吗？想办法让"小助手"讲一讲圆明园的故事吧！

第二单元 智能语音助手

第三课　与"小助手"对话

在雄伟壮丽的故宫里,原来有这么多的历史故事。逛了好一会儿,图图和灵灵感觉有点累了,他们来到后花园找了一个地方停下来休息。

两人你一言我一语的,说着说着,他们就聊到了他们的好朋友——智能语音助手。

图图:"这个'小助手'还真神奇,它能帮助我们查天气,还能给我们讲故事,太有意思了"。

灵灵:"是呢,我好喜欢它呀!如果它还能像你一样跟我聊天就好了,那我平时在家里无聊的时候,就多了个好朋友。"

图图:"诶!说不定还真可以呢!我们来试一试吧!"

37

聪明的大脑

想一想有什么智能技术可以互动聊天呢？

AI 大挑战

应用智能手机与"小助手"聊天。

准备好了

铅笔、橡皮、智能手机。

奇思妙想

你想和"小助手"聊什么呢？把你想聊的内容写在下面的方框中。

计划聊天的内容

大显身手

1. 实践案例

随着语音技术的发展，人机之间的交互目的也在不断进化。为了满足人们

第二单元 智能语音助手

的需求，按照对话的主题和目的，可以将人和机器的对话分为两种类型：任务型对话和聊天型对话。现在很多智能手机都自带这种功能，下面我们一起来体验这个对话功能吧！

2. 实践流程图

3. 实践步骤

第一步，长按手机智能对话键，手机界面显示"倾听中"，即弹出"小助手。"

第二步，对着手机说"跟我聊会儿天吧"，弹出"小助手"聊天对话框。

第三步，接着说想与"小助手"聊天的话语，即可与小助手进行各种对话。

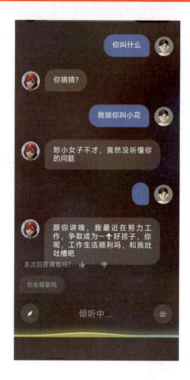

小贴士

根据App不同,"小助手"的显示样式及功能会有所不同。非智能手机不具备此功能。

我的小成就

我们学习了怎么与"小助手"聊天,下面用⭐给自己点评一下吧!完成的就可以自己画⭐!

第二单元 智能语音助手

小成就	你做到了吗
我会与"小助手"聊天。	
我与"小助手"能够聊三句以上	
我能让"小助手"给我唱歌	

AI 爱创新

智能手机自带的"小助手"除了能跟你聊天外,还能帮你定闹钟、打开音乐播放器等。想一想,怎样让"小助手"帮你定闹钟或打开手机里的音乐播放器并播放音乐呢?

第三单元
智能人脸识别

学习目标

（1）初步了解人脸识别技术及其规则。

（2）初步了解人脸识别应用中的图像识别和人脸检测技术。

（3）初步了解人脸识别技术中智能人脸识别门禁系统的工作流程。

（4）提高对人脸识别技术的好奇心，激发学习内驱力。

和灵灵去了故宫后，图图有了很多新的发现，他意犹未尽，还想再去故宫"寻宝"。这个周末，图图约上住在郊区的爷爷和奶奶，准备一家人去游览故宫。

疫情期间，出于防控需要，也为了更方便居民，爷爷和奶奶居住的小区装上了智能人脸识别门禁系统。智能人脸识别门禁系统是怎么工作的？你使用过电子镜子吗？它的原理是什么？想不想体验人脸装扮？本单元，我们将与图图一起探索人脸识别的奥秘，初步体验人脸识别技术给人们带来的便利和乐趣。

人工智能教育（第二册）人工智能伴我游

第一课 智能门禁

图图要去爷爷奶奶家接上他们一起去故宫。爷爷奶奶家的小区里新安装了智能人脸识别门禁系统，他们专门打电话叮嘱图图一家，提前在网上录入人脸，不然进不了小区。

爸爸用手机给图图和妈妈各拍了一张人脸照片，上传在指定的网站。

图图："爸爸，你把照片传到网上，我们就能进入奶奶家的小区了吗？"

爸爸："我上传了咱们的照片，还要等待管理员审核通过。"

图图："什么时候能审核通过？"

爸爸："不确定，审核通过后会给我的手机发送信息。"

图图特别兴奋，想象着智能门禁的样子，他已经迫不及待地想去亲身体验了。这天，他特意穿上酷酷的衣服，想测试智能门禁能不能"认出"他。

出发前，爸爸手机收到照片审核通过的信息。

爸爸："通过啦，咱们出发吧！"

44

第三单元　智能人脸识别

聪明的大脑

同学们，你体验过智能人脸识别门禁系统吗？你在哪些场所用到过？你觉得它是怎么识别人脸的？

AI 大挑战

任务一：体验智能人脸识别门禁系统。

任务二：体验人脸录入和人脸识别的过程。

准备好了

铅笔、橡皮、已经安装了人脸识别考勤应用软件的手机或者平板计算机。

奇思妙想

你觉得AI是怎么进行人脸识别的？可以把你的想法画在方框中。

我的想象图	创意想法

人工智能教育（第二册）人工智能伴我游

大显身手

1. 实践案例

到了爷爷奶奶家小区门口，图图很快就发现了这个新朋友——一台刷脸机，外表是立柱和显示屏；安装有智能人脸识别门禁系统。图图走到刷脸机旁，刷脸机就像一面镜子，把图图现在的样子照出来。大约1~3秒，显示屏显示出图图的头像，语音提示：通过。就这样，图图顺利通过了智能门禁。

你使用过智能人脸识别门禁系统吗？下面，我们借助手机上的人脸识别考勤应用软件来体验一下吧！

2. 实践流程图

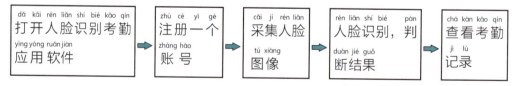

打开人脸识别考勤应用软件 ➡ 注册一个账号 ➡ 采集人脸图像 ➡ 人脸识别，判断结果 ➡ 查看考勤记录

3. 实践步骤

第一步，在手机或平板计算机上打开人脸识别考勤应用软件。

第二步，注册一个账号。注册时，公司名称和公司账号可以自己设计或想象一个。注册成功后，系统提示注册成功并分配一个代码，点击"确

46

第三单元　智能人脸识别

定"按钮。

　　第三步，进入界面后，点击第一个"人脸注册"按钮，启动前置摄像头进行人脸采集，请将你的脸靠近摄像头，进入绿色框提示区域，系统将采集正面、脸稍微左转和脸稍微右转的图像共三张，完成人脸录入。

　　第四步，点击"人脸考勤"按钮，开启人脸识别。将脸对准绿色取景框，系统将根据判断结果，提示考勤成功或考勤失败。

　　第五步，点击"考勤记录"按钮，可以查看考勤记录。系统记录了每次考勤的具体时间。

47

人工智能教育（第二册）人工智能伴我游

我的小成就

同学们，本节课我们体验了智能人脸识别门禁系统和人脸识别考勤系统，下面用⭐给自己点评一下吧！完成的就可以自己画⭐！

小成就	你做到了吗
我知道智能人脸识别门禁系统的工作流程	
我会使用刷脸机通过智能门禁	
我会运用App采集人脸数据	
我知道了人脸识别考勤系统的工作流程	

第三单元　智能人脸识别

AI 爱创新

同学们，通过上面案例的学习，请你想象一下，如果有一天，机器人模拟人脸进入小区，我们该怎么识别出来？把你的想法记录下来。

第二课 电子镜子

图图和爸爸妈妈顺利通过智能人脸识别门禁系统到了爷爷奶奶家,接上爷爷和奶奶一起去故宫。奶奶特别精心地打扮了自己。图图跟奶奶说:"奶奶,您今天看起来年轻了十岁!"

奶奶高兴地笑着说:"嘴真甜!"

图图:"奶奶,我没哄您,不信,您用镜子照一照啊!"

奶奶:"哎呀,我今天没带镜子!"

图图:"奶奶,镜子就在您的手机里啊,我教您用手机的电子镜子吧!"

聪明的大脑

你使用过电子镜子吗?电子镜子有哪些功能?电子镜子是怎么工作的?

AI 大挑战

任务一:了解人脸识别技术之机器视觉。

任务二:体验电子镜子,感受机器视觉技术。

准备好了

铅笔、橡皮、已经安装了电子镜子应用软件的手机或者平板计算机。

第三单元　智能人脸识别

奇思妙想

你认为手机是如何实现镜子功能的？可以把你的想法画在方框中。

我的想象图	创意想法

大显身手

1. 实践案例

机器视觉是通过计算机模拟人类视觉功能，让机器获得相关视觉信息并加以理解。它可以分为"视"和"觉"两部分。"视"是将外界信息通过成像转换成数字信号反馈给计算机，需要依靠一整套的硬件解决方案，包括光源、照相机、图像采集卡、视觉传感器等；"觉"则是计算机对数字信号进行处理和分析，主要是软件算法。

客观世界中三维物体经由传感器（如摄像机）转变为二维的平面图像，再经图像处理，输出该物体的图像。通常机器人判断物体位置和形状需要两类信息，即距离信息和明暗信息。

图图："原来是这样，让我们来试一试电子镜子的功能吧！"

2. 实践流程图

打开手机里的电子镜子应用软件 → 调整距离感受人脸变化 → 调整光线明暗感受人脸变化 → AI测肤，生成测肤报告 → 体验电子镜子的其他功能

3. 实践步骤

第一步，打开手机里的电子镜子应用软件，或者安装一个镜子应用软件。

第三单元　智能人脸识别

　　第二步，打开镜子，可以看到自己的人脸头像，试一试调整距离感受人脸变化。

　　第三步，调整光线明暗感受人脸变化。

　　第四步，点击"测肤"，进入 AI 测肤界面。在语音提示下完成测肤，生成测肤报告，可以看到综合得分和肤龄等。

第五步，体验电子镜子的其他功能。

图图帮助奶奶完成了 AI 测肤，奶奶的测试结果一出来，图图兴奋地说："奶奶您看，您的皮肤年龄比您的实际年龄小了十几岁呢！"

我的小成就

同学们，我们完成了使用电子镜子的任务，下面用⭐给自己点评一下

第三单元 智能人脸识别

吧！完成的就可以自己画☆！

小成就	你做到了吗
我能运用电子镜子	
我初步了解了机器视觉技术	
我体会到了运用技术解决问题的乐趣与成就感	
我每次用手机看电子镜子不会超过10分钟，保护自己的眼睛	

AI 爱创新

同学们，手机应用市场里有各种各样的电子镜子，快来试一试这些电子镜子有哪些智能功能吧！把你找到的功能写在下面，并试着为这项功能的智能程度打分。

列举手机镜子的功能	打分，满分为10分

第三课 人脸装扮

在车上,图图发现妈妈对着手机眨眼睛、哈哈乐。图图好奇地凑过去,发现妈妈使用的手机应用软件具有很多装饰道具,这些道具可以准确地追踪到人脸,变出各种好看或好玩的特效,这些特效能追踪到人脸的移动、摆动、摇晃、眨眼睛、嘟嘴巴等动作。

图图一看,好玩的道具真不少,老少皆宜,我们也一起来体验一下吧!

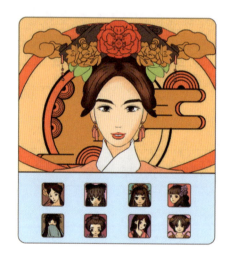

聪明的大脑

AI如何检测并追踪人脸?

第三单元 智能人脸识别

AI 大挑战

任务一：了解 AI 检测和追踪人脸的原理和流程。

任务二：体验人脸装扮模具。

准备好了

铅笔、橡皮、安装了视频装扮类应用软件的手机或平板计算机。

奇思妙想

你觉得 AI 是怎么检测到人脸的？可以把你的想法画在方框中。

我的想象图	创意想法

大显身手

1.实践案例

人脸检测技术指对于任意一幅给定的图像，采用一定的策略对其进行搜

57

索，以确定其中是否含有人脸，如果是，则反馈脸的位置、大小、姿态和表情等数据。人脸检测在实际中主要用于人脸识别的预处理，即在图像中准确标定出人脸的位置和大小。

AI如何检测人脸呢？把人脸的图像称为 x，包括正面和侧面的各种人脸的图像；y是眼、耳、鼻等关键点的坐标。用这些数据训练模型，告诉模型当给定的图像与设定的图像对应的数值一致时，对应的人脸特征点在这些位置，训练好的模型对于未知的图像可以做出正确的特征点预测。

2. 实践流程图

| 打开视频装扮类应用软件，点击屏幕中间的+ | 进入道具面板，选择"扮演"道具 | 选择一款道具 | 根据屏幕提示或自主做出任意动作，观察人脸变化 | 保存或发布视频 |

3. 实践步骤

第一步，打开手机视频装扮类应用软件，点击屏幕中间的+。

第二步，根据喜好选择视频或照片，在道具面板选择"扮演"道具；

第三步，点击道具图标，选择一款道具。

第四步，看到自己的镜像和周围环境，根据屏幕提示或自主做出任意动作，看一看脸上发生了什么变化。

第五步，回放视频，如果喜欢，可以选择保存或发布视频，不喜欢可以选择重新录制。

人工智能教育（第二册）人工智能伴我游

我的小成就

同学们，我们完成了人脸装扮的任务，下面用⭐给自己点评一下吧！完成的就可以自己画⭐！

小成就	你做到了吗
我会使用人脸装扮模具	
我能理解人脸检测的基本原理	
我能体会到AI带来的乐趣	
我每看电子产品10分钟就会休息，保护自己的眼睛	

AI 爱创新

你还玩过其他的人脸装扮模具吗？你最喜欢哪个模具，试着给大家介绍这个模具的技术特点并描述它的使用方法。

以模具"AR面部画笔"为例，它的技术特点是在脸上任意处画画，所画的图形能一直检测和跟踪人脸，跟踪人脸做出任何动作；玩法攻略是点击屏幕，用手指在脸上涂鸦，画出图形后，试着靠近或远离手机屏幕，会发现图形也跟着人脸同比例放大或缩小。请你大胆尝试其他玩法吧！

第三单元　智能人脸识别

模具名字 mú jù míng zi	技术特点 jì shù tè diǎn	玩法攻略 wán fǎ gōng lüè

第四单元
智能识物

学习目标

（1）掌握智能识物助手的基本使用方法。

（2）感受人工智能技术对人类生活的促进作用。

故宫是中国古代宫廷建筑之精华，是世界现存规模最大、保存最为完整的木结构宫殿建筑群，是中华民族的骄傲，也是全人类的珍贵文化遗产。由外朝进入，经历内廷、御苑花园、后寝，气魄宏伟，极为壮观。无论是平面布局，立体效果，还是形式上的雄伟堂皇，都堪称无与伦比的杰作。皇家御苑景山公园，坐落在明清北京城的中轴线上，西临北海，南与故宫神武门隔街相望。公园中心的景山为堆土而成，山高42.6米，海拔88.35米。站在山顶可俯视全城，金碧辉煌的古老紫禁城与现代化的北京城新貌尽收眼底。

图图一家人一路走一路看,自故宫午门(南门)进入,沿着中轴线依次参观内金水桥、太和门、太和殿、中和殿、保和殿、乾清门、乾清宫、交泰殿、坤宁宫、御花园。参观完御花园,依次参观西六宫和东六宫。最后,在神武门(北门)出故宫,直进景山公园。整个行程有金碧辉煌的宫殿,有曲径通幽的院落,更有俯瞰全局的景山,完全是一场视觉盛宴!有惊叹、有兴奋、有好奇,一路充满着对故宫文化的探寻!

这个单元,伴随着图图一家人的行程,我们一起来了解一下皇家园林中的亭台楼阁和一草一木吧!马上,图图的神奇法宝——智能识物助手——就要上场了!

第四单元　智能识物

第一课　图像识别初体验

图图一家人自午门进入故宫，经过太和门，迎面而来的就是太和殿。屋顶仙人走兽，下坐三层汉白玉台阶，气势恢宏。

图图自广场而上，准备进入殿内细细感受。左右两个石器物件引起了他的注意！

于是，他对大家说："快看，左右这两个形状奇怪的石头好特别啊，这是做什么用的呢？"

爸爸："我也不知道，看着很奇怪。"

全家犯了难，面对这两个物件陷入了思考。

聪明的大脑

请帮图图想一想,有什么方法能够快速了解这两个物件呢?

编号	求助对象	查询方式
1	计算机	浏览器打字搜索
2	路人	直接询问
3		
4		
⋮		

AI 大挑战

应用智能识物助手查询不了解的文物。

准备好了

铅笔、橡皮、水彩笔、纸、安装了拍照识物应用软件的手机或平板计算机。

奇思妙想

你想怎么查询上文中的两个物件是什么呢?把你的方法以小手抄报的形式画在下面的方框中。

第四单元 智能识物

我的小手抄报	创意想法

大显身手

1. 实践案例

图像识别是一种人工智能技术，它能够根据用户需求执行相应的任务，识别动物、植物、建筑、风景、动漫、食材等常见物体及场景，返回相应任务的名称和重要信息。

图图："原来可以这样认识文物啊，真是很神奇！"

爸爸："咱们现在试试吧！"

2. 实践流程图

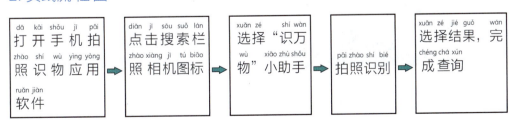

67

3. 实践步骤

第一步，在手机或平板计算机上 点击，打开拍照识物应用软件。

第二步，点击搜索栏最右侧的照 相机图标。

第三步，选择"识万物"小助手。

第四步，拍照识别。

第四单元　智能识物

第五步，选择结果，完成查询。同时，还可以识别生字及其发音等。

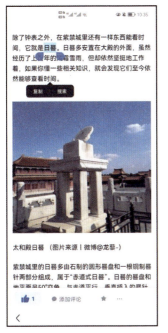

图图："找到了！找到了！我知道这件文物是日晷了，而且知道了更多关于故宫的历史文化。"

爸爸："太好了，那咱们再查查另一件文物是什么吧！"

> **小贴士**
>
> 如果所查询信息中有自己不熟悉的字，可以选择相应文字，搜索相关语义，并了解其读音。对于大部分事物，可以通过搜索，了解基本原理，并观看视频小动画。

图图又用相同的方法查询了另一件文物,并得到了答案——嘉量。

我的小成就

前面我们用小手抄报的形式,帮图图绘制了未知物体查询的方法,后面我们也体验了"识万物"小助手帮忙查询的过程,下面来分享一下我们的小手抄报成果和利用"识万物"小助手的感受吧!

第四单元　智能识物

同学们，我们完成了智能识物的任务，下面用⭐给自己点评一下吧！完成的就可以自己画⭐！

小成就	你做到了吗
我可以用手机拍照	
我可以用手机查询不认识的文物	
我体会到了智能识物给我们生活带来了很大便利	
我用完手机就及时关闭，保护自己的眼睛	

AI 爱创新

你能试着用刚才的方法查询一下生活中的物品吗？

第二课 智能识花

图图一家人从前朝三大殿出来,一株植物也没发现。直到御花园,他们才发现很多宝贝!

图图对大家说:"快看,这里终于有植物了,咱们一起研究下这里都有什么植物吧!"

妈妈:"好呀,今天我可有秘密武器哦,一下就能解决这个问题!"

聪明的大脑

请你也动脑筋想一想,有什么方法能够快速了解这两种花呢?

第四单元 智能识物

编号	求助对象	查询方式
1	工作人员	直接询问
2		
3		
⋮		

AI 大挑战

应用智能识花助手查询不了解的植物。

准备好了

铅笔、橡皮、水彩笔、纸、安装了智能识花应用软件的手机或平板计算机。

奇思妙想

你想怎么查询上文中提到的两种植物呢？把你的方法以小手抄报的形式画在下面的方框中。

我的小手抄报	创意想法

大显身手

1. 实践案例

利用智能识花助手查询上文提到的两种植物。智能识花助手以中国植物图像库海量植物分类图片为基础,是基于深度学习开发的植物识别应用。

2. 实践流程图

打开智能识花应用软件 → 点击"识花"按钮 → 对准主体拍照 → 识别植物,完成查询

3. 实践步骤

第一步,在手机或平板计算机上打开应用软件。

第二步,点击"识花"按钮。

第三步,对准主体拍照。

第四单元　智能识物

第四步，识别植物，完成查询。

图图:"快看,原来这些花是海棠和牡丹。"

妈妈:"太好了,前面还有很多花,咱们再来问问手机吧!"

我的小成就

前面我们用小手抄报的形式,思考了如何查询未知植物的方法,后面我们也体验了智能识花助手帮忙查询的过程。下面来分享一下我们的小手抄报成果和利用智能识花助手的感受吧!

第四单元 智能识物

同学们，我们完成了智能识花的任务，下面用⭐给自己点评一下吧！完成的就可以自己画⭐！

小成就	你做到了吗
我可以用手机拍照	
我可以用手机查询不认识的植物	
我体会到了智能识物给我们的生活带来了很大便利	
我用完手机就及时关闭，保护自己的眼睛	

AI 爱创新

你能用刚才的方法查询你看到的其他植物吗？

人工智能教育(第二册)人工智能伴我游

第三课 智能识鸟

图图一家人从故宫出来,直奔皇家御苑景山公园,想登上最高点,一览紫禁城全貌!

途经公园内部,花草繁多,树木葱郁,鸟儿飞来飞去,别有一番趣味!

图图和爸爸对视一眼,不约而同,想研究一下园内的鸟儿们。

接下来,一起踏上探寻鸟儿的旅程吧!

聪明的大脑

请你动脑筋想一想,有什么方法能够快速识别鸟类呢?

第四单元　智能识物

编号	求助对象	查询方式
1	路人	直接询问
2		
3		
…		

AI 大挑战

应用智能识鸟助手查询不了解的鸟。

准备好了

铅笔、橡皮、水彩笔、纸、安装了智能识鸟应用软件的手机或平板计算机。

奇思妙想

你想怎么查询鸟类呢？把你的方法以小手抄报的形式画在下面的方框中。

我的小手抄报	创意想法

大显身手

1. 实践案例

利用智能识鸟助手查询鸟类。这是可以通过图像和声音进行鸟类识别的应用。

2. 实践流程图

| 打开智能识鸟应用程序 | → | 点击"鸟类识别"按钮 | → | 对准主体拍照或者录音 | → | 筛选信息，完成查询 |

3. 实践步骤

第一步，在手机或平板计算机上打开应用软件。

第二步，点击"鸟类识别"按钮。

第三步，对准主体拍照或者录音。

第四步，筛选信息，完成查询。

第四单元 智能识物

我的小成就

前面我们用小手抄报的形式，思考了如何查询鸟类的方法，后面我们也体验了智能识鸟助手帮忙查询的过程，下面来分享一下我们的小手抄报成果和利用智能识鸟助手的感受吧！

人工智能教育（第二册）人工智能伴我游

同学们，我们完成了智能识鸟的任务，下面用⭐给自己点评一下吧！完成的就可以自己画⭐！

小成就	你做到了吗
我可以用手机拍照	
我可以通过声音和外形查询不认识的鸟类	
我体会到了智能识物给我们生活带来了很大便利	
我用完手机就及时关闭，保护自己的眼睛	

AI 爱创新

你能用刚才的方法查询你看到的其他鸟类吗？